SUR LA
PEINE DE MORT.

Concrescat ut pluvia doctrina mea, fluat ut ros
super herbam, et quasi stillæ super gramina.
DEUTERON. ch. 2, v. 2.

Par Charles Foullière.

À PÉRIGUEUX,

CHEZ F. DUPONT, IMPRIMEUR.

SE TROUVE

À PARIS, CHEZ JEANET, LIBRAIRE, RUE SAINT-JACQUES.

An 1816.

~~~~~~

Aux Mânes

de

Louis Seize.

—————

Noble et malheureux descendant de Henry, du haut de ces demeures célestes, où vous êtes assis auprès de Louis neuf, daignez jeter sur cet essai un de ces regards de bonté dont nous n'étions plus dignes. J'ai fait pour vous, aux jours de nos malheurs, tout ce que pouvait faire la faiblesse sans moyens; c'est au souvenir de cet échafaud, auquel j'ai vainement tenté de vous sous-traire, que je dois la première idée de ce court mais important traité. Dès-lors, pour moi, l'échafaud fut un autel; il fut, pour vous, le premier degré qui vous fit parvenir dans ce séjour de paix et de bonheur que n'atteignent plus les orages de la terre.

———

INTRODUCTION.

Le sanctuaire des lois est ouvert, et des cris sinistres se sont élevés de son enceinte; ils roulent sous les voûtes qui couvrent l'autel de la Miséricorde.

A travers les clameurs de l'oiseau des tempêtes, quelle voix !..., Serait-ce la vôtre ? est-ce bien vous, cygne de l'Hespérie, au chant noble et si pur (*) ?

Thémis, en costume guerrier, parcourt le front de nos phalanges; elle frappe le crime sans doute, mais un crime d'opinion, un crime qui n'exclut, ni les qualités brillantes, ni même les qualités aimables, un crime dont les coupables ne ressemblent que trop à des victimes.

(*) Cet Essai devait paraître en 1815; des circonstances en ont retardé la publication. Quand on n'en préviendrait pas, le reproche qu'on adressait ici, dans le temps, le révélerait assez; estimé, même dans la faveur, il doit être respecté dans la disgrâce : des hommes tels que lui honorent les places, et n'en sont pas honorés.

Le moment est-il bien choisi pour discuter une question qui semble déjà résolue par le fait? N'importe, l'homme ferme et persuadé ne transige pas avec les circonstances; il est toujours temps de dire la vérité, et c'est à l'instant où toutes les institutions sont interrogées, sont ébranlées, qu'il convient d'indiquer des procédés nouveaux a substituer aux procédés anciens, réprouvés par l'expérience : et quelle expérience !

Le Code pénal, le Code d'instruction criminelle, n'ont paru bons que parce qu'ils succédaient à l'Ordonnance de 1670. Un homme d'esprit, frondeur déclaré de toutes les institutions politiques et religieuses, à dit que cette Ordonnance était sortie des enfers; sans doute les lois qui nous régissent depuis, ne nous viennent pas du ciel; mais c'est beaucoup que d'avoir fait un aussi grand pas vers le mieux; et puisque, dans l'ordre immuable des choses d'ici bas, le bien doit s'opérer progressivement, que ce n'est que par dégrés, presque insensibles, qu'on se traîne du mal au mieux, nous ne devions pas espérer davantage, peut-être même ne devions-nous pas autant espérer; c'était assez, pour un peuple asservi à la routine de ses vieux usages, que d'avoir autant obtenu. L'emploi de ces Codes si prônés nous a depuis révélé des abus à corriger, des lacunes à remplir, des omissions à réparer. Au moment où tout marche vers un meilleur ordre de choses, où l'heure de plus d'une réforme a sonnée, chacun doit à la grande famille compte de ses idées; il faut donc payer le tribut; c'est, si on veut, le denier de la veuve : ce ne se a peut-être que le rêve d'un bon citoyen.

On ne se dissimule pas la défaveur de la doctrine qu'on va professer sur un point contesté, et qui ne devrait plus l'être. Aux jours de nos discordes, des novateurs s'en étaient emparés. En 1791, les comités de l'assemblée nationale proposèrent l'abolition de la peine de mort; un homme, qui a dû depuis s'en repentir, combattit cette proposition et la fit rejeter. Un conventionnel, en votant la mort, osait la demander cette abolition, et le motif atroce était digne de cette ame de boue. Condorcet, en votant le sursis, l'implorait aussi; l'infortuné ne prévoyait pas

alors qu'il l'implorait pour lui-même. Le 20
novembre 1794, le 20 janvier 1795, des dé-
magogues la renouvelèrent; ils ne parlaient
sans doute que pour eux, et ne méritaient
pas de réussir. Depuis, des sages l'ont com-
battue, et peut-être ne l'ont ils repoussée
que parce qu'elle était née dans la fange et
dans le sang. Mais instruisons-nous aux le-
çons de l'éternelle Providence ; c'est sur les
ailes de la tempête qu'elle dépose la fécon-
dité : les orages purifient l'air et fertilisent la
terre. Dans le secret mystérieux de ses impénétrables décrets, le bien et le mal ne sont
que des moyens ; notre vue faible et courte
ne voit que le temps ; et, pour elle, qu'est-
ce que le temps ? qu'est-ce que le mal ? Espérons que tous les problêmes de félicité publique seront enfin résolus ; en attendant cet
événement, qui probablement n'est pas éloi-
gné, car le présent est plein de l'avenir,
hasardons quelques réflexions sur cette importante matière. La vertu règne enfin! c'est
donc l'instant de tout dire.

SUR LA
PEINE DE MORT.

CHAPITRE I.er

Des Lois et de leur succession jus=
qu'à nos jours.

Il est un principe de toute vérité ; la loi
qui prévient le mal vaut mieux que celle
qui l'atteint ; le gouvernement qui récompense est plus près du but que celui qui
punit, parce que l'honneur conduit mieux
que la verge. Mais avant d'entrer dans la
discussion, et surtout pour l'éclairer, il convient de jeter un coup-d'œil rapide sur l'enfance commune des sociétés et des lois ; de
voir par quels moyens elles se sont, ou mu-

B

tuellement soutenues, ou graduellement af-
faiblies. L'état de nature est un état violent ;
une résistance commune contre des volontés
puissantes, mais isolées, a sans doute été l'o-
rigine des lois répressives. Laissons Hercule,
Thésée, et tous ces héros que l'imagination
brillante des Grecs avait élevé au rang des
demi-dieux pour prix de leurs services réels ;
descendons de ces temps obscurs où la terre
était couverte de brigands punis et de juges
armés, à des époques moins ténébreuses ;
nous y verrons Minos, Moïse, Dracon, Solon, Lieurgue ; les lois qu'ils promulguè-
rent étaient dures comme les hordes qu'ils
avaient à civiliser. A Rome, les lois royales,
faites pour un ramas de vagabonds fixés à
regret, ne durent pas être, et ne furent pas
en effet plus douces. Elles ont été, dans la
suite, mitigées par les décemvirs, dans la
loi des Douze Tables, et surtout par la loi
Porcia, qui défendait de mettre à mort un
citoyen romain. Mais les lois Cornéliènes
parurent, et le farouche Sylla les écrivait
avec le sang. Sous les triumvirs, ce fut pis
encore, elles pactisèrent avec la vengeance,
et leur résultat ne fut plus qu'un échange

de victimes. Sous les empereurs, le gouvernement était militaire ; ce mot dit tout : on connaît leurs rescrits sur ou contre les lois. Enfin l'ingrat et faible Justinien parut ; après avoir essayé tous les genres de gloire, qui tous lui échappèrent, il se crut un jour législateur. Il appela près de lui des compilateurs obscurs (*), qui ramassèrent une foule de lois périmées ; il en fit composer ce code, le meilleur possible, peut-être, pour un peuple dégradé, code qui se perdit bientôt après dans la nuit du septième siècle.

Les lois Saliques, Ripuaires, Bourguignones, Visigothes, les formules de Marculphe, obscurcirent le droit jusqu'à Charlemagne ; alors les capitulaires jetèrent une faible lueur sur ces siècles nébuleux : bientôt après les ténèbres s'épaissirent ; les lois féodales pesèrent long-temps sur notre malheureuse patrie. Au digeste de Justinien, retrouvé en 1137, se joignit l'embarras des coutumes. Il faut observer qu'elles naquirent à la

_____

(*) Il faut en excepter Tribonien : ses conceptions étaient nettes, et son style rappelle souvent le siècle d'Auguste.

chute de toutes les lois ; et c'est sur leurs débris qu'en 1203, un moine de Citeaux, Pierre de Château-Neuf, alluma le premier bûcher de l'inquisition.

En 1231, sous Grégoire IX, furent promulguées les décrétales. Sur la fin de ce même siècle, pour le malheur du monde, le fougueux Boniface, ayant saisi la tiare sur la tête du faible Célestin, lança les brandons de la discorde sur les plus vastes contrées de l'Europe. La France, l'Allemagne, la belle Italie, étaient en feu : l'ambition de ce pontife emporté avait ébranlé tous les trônes et confondu tous les droits. La justice sommeilla, et les lois se turent pendant toute cette longue querelle du sacerdoce et de l'empire, siècle malheureux qui fut la proie de trois fléaux, les croisades, l'inquisition et Boniface ; et c'est ici peut-être le lieu d'observer que la cause la plus ordinaire de la destruction des empires est le choc des institutions nouvelles contre l'antique opinion.

L'ordonnance de 1547, publiée sous Henri II, ne remédia à rien, malgré sa dureté, et sans doute même à cause de sa dureté. Louis XIV, avide de toutes les gloires, ordonna la rédaction du code de procédure criminelle ; il parut en 1670. On reproche à Lamoignon , à Pussort, surtout, de ne s'y être proposé que le succès de l'accusation. L'ordonnance de 1770 a pallié le mal, mais le code de 1670 nous a régi , sauf quelques modifications , jusqu'à l'institution des jurés.

CHAPITRE II.

Des Jurés et du Code d'instruction criminelle.

RIEN de mieux n'avait été encore imaginé pour le bien des peuples, si long-temps foulés par la loi même qui devait les protéger ; la garantie individuelle, cette idée nouvelle pour tous les âges qui nous ont précédé, nous est enfin acquise ; enfin, la vie d'un homme est comptée pour quelque chose ! Il n'est plus qu'un pas pour arriver au mieux possible ; tous les élémens sont prêts : un gouvernement fort n'est ni soupçonneux, ni cruel ; les principes qu'on se propose d'établir ne sont donc ni prématurés, ni hasardés.

Il serait aisé cependant de faire à ces lois mêmes, les moins mauvaises de celles qui régissent les sociétés depuis leur origine ; il serait facile, sans doute , de leur imputer des reproches mérités. Sans doute on a trop légèrement investi d'un pouvoir discré-tionnaire, des hommes isolés, sujets, comme tous les autres, à l'erreur, à l'ignorance, aux passions : il ne faut rien laisser à la prudence dangereuse du juge, ordinaire-ment endurci par le long usage d'une ma-gistrature sévère; et, dans le Code des délits et des peines, le magistrat de sureté ; dans le Code pénal, le juge instructeur; dans tous le ministère public disposaient, disposent encore seuls, dans certains cas, de la liberté d'un citoyen (*). La liberté, l'honneur! au-tant et plus que la vie. L'institution des jurés, belle sans doute , présente peut-être encore, telle qu'elle est, plus d'inconvéniens que d'avantages; et l'instabilité même de sa base, si souvent fouillée, prouve mal son excel-lence , probablement trop vantée.

Mais on s'enfoncerait dans des discussions

_____

(*) L'auteur a été magistrat de sureté tout le temps qu'a duré cette institution ; depuis, il a été et est encore juge d'instruction.

qui mériteraient chacune de vastes développemens, si on allait entreprendre de dé-
voiler les imperfections de cette institution,
qu'il ne s'agit plus, au reste, que de mieux
diriger. Dans un moment où sans doute on
médite des réformes, espérons quelques ten-
tatives heureuses, en faveur de la raison.
Nous ne devons nous occuper, nous, que
du seul et important objet qui fait la matière
de cette dissertation : abordons-le donc pour
ne plus nous en écarter.

La peine de mort est-elle permise ? est-
elle utile ? est-elle nécessaire ? Peut-elle être
supplée dans tous les cas, et comment peut-
elle l'être ? Nous allons successivement discuter ces diverses propositions.

Et d'abord, qu'est-ce que la mort, telle
qu'elle est, depuis peu d'années, infligée
par les bourreaux, adoucissement qui fut un
bien, mais qui n'est pas le mieux encore ?
C'est une convulsion vive et courte ; l'infortuné qu'on trépane ou qu'on taille, souffre
plus, souffre beaucoup plus que le misérable
qu'on exécute : cette mort est la foudre sans
éclair et sans explosion. Ce fait accordé, et

on ne peut pas le contester, nous verrons si, dans cette hypothèse, elle peut être utile ; mais avant il convient d'examiner si la peine de mort est permise.

CHAPITRE III.

~~~~~~

Du droit de punir de Mort.

―――

Il serait téméraire de traiter cette question après Bonésano; il a épuisé la matière dans le paragraphe vingt-sept de son Traité des délits et des peines (*). On n'ajoutera donc que peu à ce qu'a si bien dit ce savant Marquis; mais une importante observation semble lui avoir échappée, il convient, par conséquent, de la rappeler ici. Le gouvernement, institué pour la conservation des choses, n'a pu ordonner le

―――

(*) Voyez dans l'ouvrage italien de César Beccaria Bonésano, intitulé : *De Delitti et delle Pene*, les §§ II, III et XXVII : *Diritto di punire, consequenze della pene di Morte.*

meurtre, la destruction de la personne pour
la conservation de la chose. Les choses, ou
ce qui revient au même, la propriété des
choses, sont le premier objet des sociétés
et des gouvernemens; si, pour protéger
les choses, elle doit violer les personnes, la
punition doit se borner à la liberté du coupable; sa détention devient nécessaire,
mais elle est suffisante; elle devient utile
si on y joint la condamnation perpétuelle
ou temporaire aux travaux publics. En
effet, la loi qui punit le meurtre peut-elle
être meurtrière ?

Si, comme l'a prouvé le savant profes-
seur Milanais, le gouvernement, ou ce qui
est la même chose, le délégué des sociétés,
n'a pas droit même sur la vie du brigand
qui attente à la personne, à plus forte
raison n'a-t-il pas ce droit pour des délits
qui n'intéressent que les choses. Privez
l'homme méchant, s'il en est de méchans
sans espérance, privez-le des avantages des
sociétés et du gouvernement; ôtez-lui les
avantages qu'il tient de l'un et de l'autre;
réduisez-le, lui, homme social, à la con-
dition de l'homme primitif, et bornez-vous

là. La société, sans passion comme la loi, ne doit pas rechercher la douleur dans la peine.

Au reste, l'intérêt originaire à l'association est presque anéanti, du moment où l'intérêt de l'homme social n'est plus égal aux obligations qui l'assujettissent ; alors, et ce cas est arrivé, les lois pénales doivent être nécessairement moins sévères. Les peines se sont en général bien écartées de cette équitable proportion entre les intérêts et les devoirs, entre le but de l'institution des sociétés et le droit qu'elle a donné sur ses membres au gouvernement pénal. La multiplicité des lois prohibitives multiplie les coupables ; il n'est peut-être pas un homme qui ne soit sous la coulpe d'une disposition pénale, si on fait valoir contre lui toutes les ordonnances.

Pour légitimer le droit de punir de mort, on a dit que le criminel qui la subissait par suite d'un délit (*), n'y était assu-

_____

(*) Chez les anciens criminalistes, et nous adoptons leur méthode, les mots *crime* et *délit* avaient à-peu-près la même acception. Les nouveaux codes

jetti qu'en vertu de la fraction de pouvoir qu'il avait délégué lui-même comme membre de l'état social, et que sa mort même était alors un hommage à ce principe, base de toute réunion politique. Mais qui est-ce qui ne sent pas que cette objection, spécieuse en apparence, n'est au fond qu'un véritable sophisme ? En effet, un homme peut-il donner à d'autres un droit qu'il n'a pas sur lui-même ? Le suicide est un crime devant Dieu et devant les hommes ; il était flétri par les lois humaines ; le corps du suicidé était traîné sur la claie par le bourreau ; les rits ecclésiastiques le privaient de la sépulture chrétienne, et il est encore puni dans un autre monde s'il n'a pas eu le temps de se repentir dans celui-ci : Virgile et le Dante lui ont assigné une place dans leurs enfers. Quand il est atteint par toutes les justices, soit au ciel, soit sur la terre, du moment qu'il a osé

---

ont distingué la *contravention,* le *délit* et le *crime ;* nous avertissons, une fois pour toutes, que dans tout le cours de cette dissertation les mots *délits* et *crimes* sont synonymes.

attenter à ses jours et disposer ainsi de lui-même, quel est ce droit, cette fraction de droit, qu'il a pu déléguer sur sa propre vie ? Ce raisonnement, qui n'est que captieux, ne se trouve-t-il pas ainsi réduit à sa juste valeur ? Il n'est que trop clair que la vie n'est pas un don ; si elle est une charge, si elle n'est qu'un poste avancé sur les frontières de l'éternité, quelle puissance a le droit de nous en relever, sinon celle qui nous l'a imposé, qui nous y a placé ? Quel autre que Dieu même peut nous en dégager ? Ces principes, puisés dans la plus saine morale et joins à ceux qu'a émis Beccaria sur le même sujet, complètent ce qu'il est possible de dire de plus sensé sur cette matière délicate.

CHAPITRE IV.

~~~~~~~

Si la peine de Mort est utile aux Sociétés.

———

Le but du châtiment est d'empêcher le coupable de nuire, et de détourner ceux qui seraient tentés de commettre les mêmes crimes. Que prétendrait-on de plus? venger par sa mort la société? Mais comment la venger d'un tort réparable par une vengeance irréparable? Prétend-on, par la mort, punir le coupable? Mais si naître n'est pas une peine, pourquoi mourir en serait-elle une? l'un n'est-il pas aussi naturel que l'autre? On sort de la vie comme on entre dans la vie, et ce double passage est également insensible. La mort seule, sans accessoires, dépouillée des terreurs dont on l'entoure et qui ne sont pas elle, n'est qu'un point dans la durée, qu'un instant aussi rapide que la pensée. Sans nous perdre ici dans les abstractions, il est constant qu'il n'y a rien de réel dans la mort que la douleur qui n'est pas elle, quoiqu'elle l'accompagne ordinairement ; et la loi, a-t-on déjà dit, ne doit pas rechercher la douleur dans la peine.

L'échafaud produit un effet tout contraire à celui qu'on s'était proposé, si on n'a voulu que punir et intimider. Examinons ce qui se passe lors d'une exécution. Si le patient est un déterminé, il apprécie d'abord au vrai sa position ; il la dépouille de ses alen-tours, de tout ce qui n'est qu'accessoire ; son parti est pris ; en un clin-d'œil tout va finir pour lui : peut-on dire qu'il soit puni ? L'homme honnête, à qui ces mesures sont étrangères, s'est renfermé ; il évite ces scènes dégoûtantes : on y voit des femmes, des enfans, quelques désœuvrés que cet appareil épouvante d'abord, et qui le voient bientôt avec l'insensibilité de l'habitude ; et ce n'est pas dans cette classe, sans énergie, que les crimes se conçoivent et s'exécutent.

Le brigand y vient aussi calculer froidement
les chances de ses coupables projets, et se
retire bien convaincu que le péril de la
blessure à laquelle il va bien volontairement
s'exposer cette nuit même, en essayant de
détrousser un voyageur qui peut être brave,
est bien autrement imminent, plus grave,
plus sérieux que cette mort si soudaine.
Peut-on dire que le peuple soit bien intimidé?

Un homme célèbre, qui plaisantait toujours, même sur les sujets les moins plaisans,
a dit qu'un pendu n'était bon à rien, et
que vingt malfaiteurs vigoureux, condamnés
à travailler toute leur vie aux ouvrages publics, servaient l'État par leur supplice; que
leur mort ne faisait du bien qu'au bourreau,
payé pour tuer les hommes en public.

Que fait la loi en punissant même un assassin? A la mort d'un homme, elle ajoute
la mort d'un homme; le coupable n'est pas
puni, le peuple n'est pas effrayé, le scé-
lérat a étudié sa destinée, et se rassure. La
société seule y perd un de ses membres qui,
rendu à de meilleurs sentimens, aurait pu
effectuer encore les plus utiles services.

C

Pardonnera-t-on, dans cette grave discussion, le récit d'une histoire qui peut être
vraie, et qui, quand elle ne le serait pas, devrait encore être accueillie comme les apo-
logues orientaux ; ils proclament aussi les
plus touchantes vérités, mais en les voilant.
Elle a paru s'adapter si naturellement à ce
sujet qu'elle éclaire, qu'on n'a pu résister
à la tentation de l'insérer ici, dût-elle faire
disparate. Il serait même possible, à la forme
près, qu'elle se retrouve, pour le fond, dans
quelque vieux recueil d'Ana ; mais qu'importe, cette circonstance n'ôte rien au grand
sens qu'elle renferme, à l'instruction qu'elle
présente ; sa vraisemblance garantit presque
sa véracité.

Dans un canton de la Lombardie, un
jeune pâtre avait succombé à l'appât de
quelques écus que son maître avait probablement assez mal enfermé. Ce maître bar-
bare s'aperçoit du vol, découvre le voleur,
et le livre à la justice. Son procès fut bientôt
fait ; vol domestique, légère effraction, et
c'était la nuit : il fut donc condamné à être
pendu. L'exécuteur des hautes-œuvres s'en
empare. Un religieux Barnabite est mandé

pour le réconcilier avec le ciel ; on l'enferme avec lui dans une petite chapelle , et pendant qu'il l'invitait à mettre ordre à sa conscience , il s'aperçoit que cet homme était distrait et l'écoutait à peine : « Mon ami , » lui dit ce bon moine , pensez-vous que , » dans quelques instans, vous allez paraître » devant Dieu ! qui peut donc vous distraire » dans un pareil moment ? — Vous avez » raison, mon père ; mais je ne peux m'ôter » de l'esprit qu'il ne tiendrait qu'à vous de » me tirer d'ici, et une telle pensée est bien » capable de donner des distractions. — Com- » ment le pourrais-je ? et quand je le pour- » rais, devrais-je vouloir m'y prêter et vous » donner ainsi l'occasion de retomber dans » d'autres crimes. — Ah ! mon père, j'ai vu » de près la mort, et je suis corrigé ; que » le ciel et vous reçoivent ici mon serment » d'être honnête homme si je parviens à me » sauver ». Le religieux se laisse attendrir ; il ne fut plus question que de savoir comment on s'y prendrait. La petite chapelle, avec ses voûtes en ogives, n'était éclairée que par un petit vitrail en roses ; pratiqué dans le rond-point, et élevé à plus de quinze

pieds au-dessus du sol ; cette espèce de fenêtre donnait sur un toit. — « Vous n'avez
» qu'à placer votre chaise sur cet autel por-
» tatif que nous traînerons jusqu'au pied du
» mur ; placez-vous sur la chaise, moi sur
» vos épaules, de là sur la fenêtre, et puis sur
» le toit : Dieu fera le reste ». Le bon père
se prête à tout ; tout s'exécute en un clin-
d'œil. Les choses remises à leurs places , il
s'assied tranquillement sur son siége , et ,
après plus de trois heures d'attente, le bourreau impatienté entre et réclame sa proie ;
il demande ce qu'est devenu son homme ?
— « Votre homme ! c'était un ange, sans
» doute, lui répondit-il froidement, et c'est
» par-là qu'il est sorti, ajouta-t-il en lui mon-
» trant la petite fenêtre pratiquée dans les
» combles ». Le bourreau furieux, persuadé
qu'on se moque de lui, va en toute hâte
avertir de ce qui se passe le *Poco-curante.*
Ce magistrat se rend à la chapelle de toute
la vitesse compatible avec sa prépondérance.
— Même demande , même réponse ; seulement le religieux ajoute, avec dignité : « Au
» reste , quel que soit cet être que vous ré-
» clamez , je n'en dois aucun compte, et

» il n'était pas confié à ma garde ». La
gravité du juge, une fois déconcertée par le
flegme avec lequel on lui racontait cette
étrange disparution, son front se déride,
il se met à rire, et se retire en souhaitant
bon voyage à cet ange voleur.

Vingt-un an après, ce bon religieux s'é-
gara, à la chute du jour, dans un vallon
des Apennins, en voulant regagner son
couvent, situé dans la plaine. Alors même
un montagnard, la tête et le corps couverts de fourrures chaudes et grossières,
avec ses raquettes aux pieds, un bâton
ferré à la main, et sa carabine en ban-
douillère, se précipitait des hauteurs hé-
rissées de mélèzes, sur la neige qu'il fou-
lait à peine; en un instant il est à lui,
l'examine attentivement, lui demande où
il se proposait d'aller, et lui dit que, s'il
voulait le suivre, il le conduirait dans une
ferme peu éloignée, où il pourrait passer
la nuit. Le père fort embarrassé, la curio-
sité avec laquelle cet homme l'avait exa-
miné lui ayant donné des soupçons, réflé-
chit que, s'il avait de mauvais desseins, il
lui était impossible d'échapper; il se dé-

termine donc à le suivre, mais en trem-
blant.

Après environ une demi-heure de marche
pénible, ils arrivent à la ferme. Le paysan
introduit le Barnabite dans une vaste cui-
sine dont les solives étaient garnies de sa-
laisons et de gibier, dont les parois étaient
tous couverts d'ustensiles et de vaisselle ;
auprès d'un large foyer, où brûlait une
pile de bûches de sapins embrasés, était
une table couronnée par six ou sept valets
de charrue, tous bien vêtus et qui dépê-
chaient le repas du soir ; à deux pas de
là, la maîtresse présidait à la distribution ;
c'était une grosse villageoise encore fraîche
et d'une quarantaine d'années. Le paysan
l'engage à tout quitter, à préparer à son
hôte tout ce qu'elle peut avoir de meilleur, sort un instant pendant qu'on s'oc-
cupait du souper, et rentre bientôt suivi
de huit enfans, tous vigoureux et de la plus
heureuse physionomie : « Tombons tous aux
» genoux de ce brave homme, s'écrie-t-il,
» sans lui, ni vous, ni moi, ne serions pas
» au monde ». Le religieux, étonné, re-
garde celui qui lui rend cet hommage,

cherche à se remettre ses traits, et bientôt il se rappelle, il reconnaît l'ange de
la petite chapelle. « Mon père, ajouta le
» montagnard, je vous ai tenu parole ; je
» suis venu jusqu'ici, lieu de ma nais-
» sance, en demandant l'aumône ; j'en-
» trai au service du maître de cette ferme,
» je parvins à gagner ses bonnes grâces,
» et il m'accorda sa fille unique ; Dieu
» a béni notre union ; vous voyez le reste,
» et je mourrai content puisque je vous
» ai vu, et que je puis vous témoigner ma
» reconnaissance ». Le bon prêtre adora
les décrets impénétrables de la Providence,
refusa tout ce que le riche fermier voulut lui
offrir, passa quelques jours avec eux dans
cette heureuse habitation, et ne voulut
accepter, de toutes les offres qu'on lui fit,
qu'un guide et un cheval, pour qu'il pût
cette fois regagner son couvent sans en-
combre.

CHAPITRE V.

~~~~~~~

Si la peine de Mort est nécessaire au maintien des Etats.

———

La raison dit que partout où la sévérité n'est pas nécessaire, la loi pénale qui la prescrit est mauvaise. Elle n'est pas nécessaire quand la fin qu'on se propose peut être obtenue sans elle ; cette fin est la sureté, la tranquillité publique, et l'expérience prouve que la sureté, la tranquillité publique n'ont pas été troublées parmi plusieurs nations chez lesquelles la peine de mort, ou n'est pas infligée, ou ne l'est qu'à très-longs intervalles ; il ne faut ici que recueillir des faits.

La czarine Elisabeth régna vingt ans sur le vaste empire de toutes les Russies ;

elle avait fait un pacte avec elle-même, et s'était promise de ne pas faire couler de sang pendant tout son règne; elle a tenu parole, et la tranquillité n'a pas été troublée, n'a pas même été compromise, pendant tout cet espace de temps, et dans l'immense étendue des provinces sur lesquelles elle régnait.

A Turin, Marie Biezzi fut exécutée dans le mois de septembre 1803; depuis plus d'un demi-siècle on n'avait pas vu dans cette ville le supplice d'une femme; la dernière reine obtenait pour tout son sexe l'exemption de la peine de mort : on ne s'est pas aperçu que cette mesure ait rendu les crimes plus communs parmi les femmes; et cependant Turin est une des villes de l'Europe les plus avancées dans la civilisation, et par conséquent dans tous les inconvéniens qu'elle entraîne.

En Toscane, il y eut aussi une exécution publique vers la fin du dernier siècle; c'était encore une femme : elle fut condamnée à la potence. Ce jour fut, à Florence, un jour de deuil; il semblait qu'il s'agissait d'une calamité publique : de mémoire

d'homme on ne se rappelait d'avoir vu sup-
plicier, surtout une femme. Cette contrée,
la plus belle du plus beau pays, en était-
elle moins heureuse et moins tranquille ?
Quand les mœurs d'une nation sont douces,
les lois sont toujours assez bonnes. A Gênes,
et les petites républiques sont ordinairement
jalouses et soupçonneuses, il n'y a eu que
deux jugemens à mort en six ans. Les exécutions sont fort rares en Perse, et cependant
cet état est despotique. Le voyageur Chardin,
pendant quinze ans de séjour qu'il a fait dans
ce royaume, n'y a vu condamner à mort
qu'un seul homme. Les assassinats sont peu
communs en Sardaigne, et pourtant les habitans de cette île pauvre passent pour être
dans un état à demi-sauvage.

Dans la Pensilvanie, le pacifique Guillaume
n'a, dans ses lois aussi bonnes que les mœurs
de ses prosélytes, prononcé nulle part la peine
de mort. Il existait, dans les immenses soli-
tudes de l'Amérique méridionale, une heureuse peuplade, qu'ont gouverné, pendant
trop peu de temps, ces moines-législateurs,
dont les vertus et les vices sont encore un
problème en Europe. Si les habitans du vieux

monde ont des torts à leur imputer, ces habitans du nouveau monde, dispersés à présent, sans gouvernement et sans régime,
nous redemandent, mais en vain, leurs lois
et leurs chefs, qu'ils appelaient leurs pères.
Pendant la durée de leur règne, trop court,
pas un seul habitant ne fut puni de mort. Ils
avaient bien su trouver le moyen de civiliser
des sauvages féroces, sans les assujettir à ce
frein des nations policées.

Sur les bords du Gange, le paisible Indou
reçoit la mort de toutes les hordes barbares
dont il est entouré, et qui se succèdent comme
des torrens pour venir ravager cet Eden ; il la
reçoit et ne la donne jamais, pas même aux
animaux qui partagent avec lui, sans querelle, les fruits de ces régions fécondes.

Mais qu'est-il besoin d'aller jusqu'aux extrémités du monde chercher les preuves d'une
vérité bien consolante ? Nous avions, il n'y a
pas encore vingt-cinq ans, presque aux portes
de Paris, un petit canton où, depuis un temps
immémorial (fabuleux même, pourrait-on
presque dire, puisqu'on le fait remonter jusqu'à l'épiscopat de Saint-Médard, évêque de
Noyon, dans le sixième siècle), il n'y avait

pas eu un seul habitant repris de justice. Chefs
des peuples, méditez cet exemple! c'était avec
une rose que des sages avaient opéré ce miracle, et ce miracle même n'en était pas un;
seulement le fondateur de cette simple et tou-
chante institution connaissait bien le cœur
de l'homme.

Faisons donc disparaître les échafauds;
restreignons les dispositions pénales; éten-
dons la jurisprudence domestique et les institutions des familles; supprimons le divorce;
relevons la puissance paternelle; enfin, au
lieu de lois, ayons des mœurs.

Dans aucune contrée de la terre, les peines ne sont aussi dures, les supplices ne sont
aussi recherchés qu'au Japon; et dans aucun
lieu du Monde les assassinats ne sont plus
communs, les crimes ne sont plus atroces.
Le Japonnais se fend le ventre au plus léger
affront. Dans certaines circonstances, toute
la famille est exterminée pour le crime d'un
seul; et c'est ici surtout que la doctrine des
climats perd toute son influence: le Japon
et la Chine sont situés à-peu-près sous la
même latitude. Dans aucun pays les lois ne
sont aussi douces qu'à la Chine; nulle part

aussi les crimes ne sont plus rares, à l'excep-
tion du larcin, auquel ce peuple est plus en-
clin peut-être qu'aucun autre. Ce vice, au
reste, tient chez lui à des causes locales ; il
le doit d'abord à son extrême population,
qui y restreint infiniment les moyens de sub-
sistance ; ensuite à ce que les deux tiers au
moins de sa population sont sans propriétés
territoriales ; que le négoce qui y alimente la
plus grande partie de ces familles prolétaires,
ne repose pas comme chez nous sur la bonne
foi dans les transactions, sur la fidélité dans
les engagemens et la probité dans les échan-
ges. Les Chinois sont les Juifs du commerce
dans l'Orient.

L'empereur de la Chine signe lui-même
tous les arrêts de mort, et il doit s'écouler
trois jours entre la présentation et la signa-
ture. A l'exemple du chef de cette immense
famille, les Mandarins ses délégués ont le plus
grand respect pour la vie d'un citoyen ; et,
par une sorte de contraste bien digne de re-
marque, il n'est pas de gouvernement dans
lequel la vie d'un homme soit autant appré-
ciée que dans celui-ci, où le luxe de la population est presque un fléau, où les germes

de la vie sont pour ainsi dire prodigués ; ce qui y donne lieu à quelques espèces de crimes qui y sont malheureusement aussi communs que le larcin, tels que l'infanticide, l'avortement et l'exposition.

Il n'y a pas encore deux siècles, on brûlait chez nous pour quelques crimes sans caractère; et, dans le seizième siècle encore, les sorciers, les pédérastes, les hérétiques étaient traînés dans les bûchers : on les méprise aujourd'hui, et le dédain a produit plus d'effet que les torches. Cette expérience des siècles passés n'est-elle pas un argument sans réplique en faveur de notre opinion? et ces crimes là se sont-ils multipliés depuis qu'on ne les punit plus par le feu ? La peine de mort est-elle encore et toujours nécessaire pour arrêter ces désordres?

Mais, allons-nous entendre répéter de toutes parts, si le droit de punir de mort a des inconvéniens, n'est-il pas modifié par le droit de grâce? Dans tous les gouvernemens, n'existe-t-il pas un être privilégié qui peut ne voir qu'un homme égaré, quand l'interprète des lois n'a dû punir qu'un coupable? Sans doute, plus heureux que le commun des juges qui condamnent, ces juges couronnés ne peuvent pas errer puisqu'ils n'ont qu'à pardonner. Mais ce droit de grâce, actif sous Louis IX, sous Titus, sous Henri IV, est illusoire sous Louis XI, sous Tibère ; et qu'était-il en 1793? Le droit de mort est immuable dans la loi ; le droit de grâce est mobile dans les individus.

CHAPITRE VI.

De quelques moyens de prévenir certains crimes.

Le moyen le plus efficace pour parvenir à ce but, serait, sans contredit, l'éducation, les mœurs et la religion. Il serait superflu d'évaluer ici la puissance de ces léviers pour porter une nation au plus haut dégré possible de bonheur et de prospérité ; ces vérités sont connues et n'en sont pas mieux appréciées. Dans l'état actuel des choses, avec nos institutions vicieuses, essayons d'indiquer comment on pourrait réussir à calmer le ferment des passions dont la combustion est la cause première de tous les crimes, et à neutraliser ainsi le germe de bien des désordres obscurs ou publics.

Pour prévenir la plupart des vols, ordinai-

rement suggérés par la misère, il suffirait d'or-
ganiser des ateliers de travaux, des filatures,
des dépôts de mendicité. Ces établissemens,
sagement administrés, procureraient, à la
classe nombreuse des manœuvriers sans propriétés, les moyens de subsister, surtout dans la
morte-saison. En encourageant le commerce,
on alimenterait les manufactures, et la pro-
tection accordée à l'un donnerait aux autres
une consistance que la facilité de se procurer
des bras porterait à la plus extrême activité.
L'industrie agricole, stimulée par des encou-
ragemens, offrirait, à la classe malheureuse
et pauvre des cultivateurs, des ressources pré-
sentes et toujours renaissantes ; ce n'est pas,
au reste, parmi eux qu'on doit trouver et rechercher les coupables ; plus près de la nature
que l'habitant des villes, ils ont le plus souvent toute l'innocence des champs qu'ils cul-
tivent, et la simplicité des objets qui les en-
tourent.

Pour prévenir les infanticides et les expo-
sitions, taxez fortement le célibataire ; qu'on
élève de toutes parts des hospices de la maternité, des dépôts pour les enfans-trouvés, où
l'on recevrait, à toute heure, en silence, sans

D

informations, sans reproches, sans examen, et les mères indigentes, et les enfans abandonnés, que l'honneur ou la misère ont privé des caresses, des soins, du lait de celles à qui la nature avait imposé ces saintes obligations.

Mais comment doter ces pieuses et nombreuses fondations? Bon Saint-Vincent-de-Paule! quels touchans souvenirs ne rappelle pas ce nom à jamais consacré dans les annales de la vertu! inspirez votre esprit aux puissances, et tous les malheurs de ce genre seront ou prévenus ou réparés. Vous leur direz comment l'indigence sait créer des trésors ; comment la faiblesse peut étonner le pouvoir par ses ressources ; vous leur révélerez cet abyme sans fond, d'intarissable bienfaisance, où vous puisiez sans relâche et sans cesse, et vous nous reconcilierez avec nous-mêmes, en nous apprenant que cet abyme est le cœur de l'homme, sous le souffle de la charité, et sous l'influence d'un homme tel que vous. Que votre voix, cette voix d'indulgence et de pitié se fasse entendre du séjour d'inaltérable paix où vous êtes, et les larmes de ces mille victimes de la séduction et du liber-

tinage vont sécher ; les tendres soins , la solli-
citude, la discrétion fidelle , vont s'emparer
d'elles , les dérober à tous les yeux pour ne
s'occuper que d'elles seules , de leurs cha-
grins , de leurs souffrances , de leur faute
même , et de leur repentir ; la société per-
verse et scrupuleuse ne les poussera plus brus-
quement , et sans intervalle , du sopha sur
l'échafaud ; le lit d'amour ne sera plus un
piége de mort caché sous des roses !

On préviendrait les banqueroutes, la contrebande avec des caisses de crédit et de se-
cours; en adoucissant l'impôt sur l'industrie ;
en allégeant les droits sur l'importation et
l'exportation ; en accordant des primes ; en
aiguillonant l'active cupidité par l'appât d'un
gain légitime.

On préviendrait la désertion , en amélio-
rant le sort du soldat , en lui présentant
l'avancement et l'honneur comme le prix ac-
cessible à tous, de la bravoure et de la bonne
conduite ; on l'arrêterait surtout, et parti-
culièrement en France, avec l'infamie.

Il serait même possible, avec de la perspi-
cacité et l'habitude des hommes que doivent
nécessairement acquérir les délégués du pou-

voir, de prévenir les assassinats. Que l'administration sache discerner, surtout dans la classe du peuple, ces hommes durs dont la fibre tendue n'est abreuvée que par un sang ardent. Puisque la guerre est un mal nécessaire, et qu'il faut des soldats, jetez-les sur les champs de bataille, à travers les escadrons entr'ouverts et renversés. Là, à ce spectacle de toutes les douleurs, à ce rendez-vous de toutes les misères humaines, cette ame inflexible s'amolira ; il était féroce, il ne sera plus que brave : l'honneur et la pitié s'établissent dans ce cœur étonné des nouveaux sentimens qui l'occupent ; cet homme, que son tempérament destinait peut-être à l'échafaud, est un héros, et son nom doit traverser les siècles.

On ne peut, dans un cadre aussi resserré, qu'indiquer légèrement les diverses ressources contre chacun des maux qu'il importe d'écarter ; on ne doit ici qu'esquisser, sans rien arrêter. C'est un texte fécond, et quelque sage pourra s'en emparer pour l'assortir de tous les détails dont il est susceptible.

CHAPITRE VII.

Si la peine de Mort doit être suppléée dans tous les cas, et comment peut-elle l'être !

Puisqu'il existe des êtres pervers qui, au mépris de tous les moyens employés pour prévenir les crimes, s'y livrent comme par instinct et par la férocité de leur naturel, la société doit, pour sa sureté, employer contre eux toute la répression compatible avec la morale, la nature, et les droits individuels. Elle ne peut y parvenir qu'en déléguant ce pouvoir à quelques-uns de ses membres ; elle doit cependant en surveiller l'emploi. Il faut donc des châtimens, puisqu'il y a des coupables ; mais il faut surtout qu'ils soient en mesure avec les délits ; et puisqu'il est dé-

montré que la mort est hors de toute proportion, quelque grave que soit le crime qu'on
ait à punir, essayons de prouver qu'elle
peut être suppléée, dans tous les cas, par des
peines temporaires ou à vie. Faisons, au hasard, un triage entre les délits les plus communs et les crimes les plus graves. Examinons
successivement s'il est possible, sans un assassinat juridique, d'établir une proportion
entre les fautes et les châtimens. Parmi les
plus communs, examinons le vol, la désertion, la fausse-monnaie, la contrebande ar-
mée; parmi les plus graves, l'assassinat, l'infanticide, l'incendiaire, le parricide; et celui
de tous, quoique peut-être le moins odieux,
dont les actes peuvent être les plus funestes
par leur résultat et leur étendue, le conspi-
rateur. Si, dans tous ces cas, nous parvenons
à faire voir que la peine de mort peut être
suppléée, et si nous indiquons comment elle
peut l'être, la question qui nous occupe sera
résolue.

Et, d'abord, commençons par le plus ordinaire, par le vol. Le vol est un attentat à la
propriété, plus ou moins grave suivant les
circonstances. Il est ici question du vol avec

armes, avec escalade, effraction ; et malgré
tout cet entourage, l'humanité fait un devoir
de s'occuper encore du coupable, même en
vengeant la société du tort qu'il lui a fait.
Le vol est ordinairement l'œuvre du pauvre,
parce que, n'étant compté pour rien dans la
distribution des propriétés, il tend sans cesse
à recouvrer ses titres au partage; resserré dans
ses droits, il n'a plus le même intérêt au bonheur de cette société. Imitons encore cette
fois nos voisins. Il n'y a pas un demi-siècle
qu'à Londres les voleurs étaient pendus à Ti-
burn. Jetons les yeux sur Botany-Bay, et
voyons là les résultats du changement qu'a
opéré le mode du châtiment. Pour les punir,
ils les ont rejeté de leur sein ; ils les ont relégué à l'extrémité du globe. Ici finit la
peine ; là, un autre ordre de choses va com-
mencer. Une propriété, des instrumens de
labourage, des cultures, attendent les coupables sous ce ciel étranger ; c'est là que, do-
rénavant, propriétaires eux-mêmes, ils vont
bientôt apprendre le respect que mérite la
propriété; c'est là que, bientôt, ils auront
eux-mêmes le droit de l'exiger des autres ;
c'est là que, loin de la cité qui l'a repoussé,

le déporté remplit enfin des devoirs si long-
temps méconnus. Le repentir est là, l'honneur assoupi se réveille, et cette colonie loin-
taine nous offre, avec orgueil, ces hommes
déchus de l'échafaud, qui, rendus à la vertu,
mettent à faire le bien toute l'énergie d'une
ame dont le vice avait tendu tous les ressorts.

Et cette Amérique même, dont l'Europe
admire à présent le régime et les institutions, n'a-t-elle pas été long-temps, et dans
son origine, la sentine des nations? Cette
terre hospitalière est devenue depuis l'asile
du commerce et de l'honneur, une pépi-
nière de héros-législateurs ; et ces change-
mens sont à peine l'ouvrage de trois siècles! et
cinq ou six générations ont suffi pour purifier
ces élémens immondes! tant il est vrai que
l'espèce humaine, long-temps calomniée,
tend naturellement à s'épurer. L'homme ne
naît pas méchant, comme on nous l'a long-
temps répété ; ses vertus sont à lui, sont dans
lui, et ses vices ne sont que des accidens
dont une partie appartient à son éducation
et l'autre à la société. Ne nous reste-t-il pas
encore des rivages déserts, éloignés et fertiles,

pour le châtiment, le repentir et la récompense ?

A l'égard du déserteur, c'est ordinairement un lâche qui a tenté de se soustraire à une obligation sainte qui lui était imposée, et dans son propre intérêt, et dans celui de la cité ; il était partout puni de mort. Dans certains pays, en Suisse, dit-on, les déserteurs étaient sciés entre deux planches. La désertion est une faute grave, sans doute ; mais ce supplice, s'il était vraiment infligé pour quelque crime que ce puisse être, serait un outrage à l'humanité : la simple privation de la vie, la mort, seule et sans tourmens qui la prolongent, n'est pas en proportion avec le tort qu'éprouve alors la société. Que le lâche qui a quitté ses drapeaux soit à jamais privé des droits de citoyen, et que, relégué dans sa paroisse, il y porte, à la vue de tous, une quenouille sur la poitrine ; que ce symbole de l'infamie ne le quitte qu'après une action d'éclat, ou que lorsque sa conduite long-temps bonne, que tous ses devoirs constamment remplis auront mérité de ses compatriotes qu'ils mettent un terme à sa honte, en intercédant pour lui auprès de l'autorité, et cette grâce, rarement et difficilement obtenue, serait consignée dans les registres de la mairie de son domicile.

Le contrebandier armé, le faux-monnoyeur sont de mauvais citoyens, qui, sans égard pour ce qu'ils doivent à la société, prétendent l'un et l'autre, par des gains illicites, frauder le gouvernement qui les protège; l'un ruine le négociant probe qui ne peut soutenir la concurrence dans les marchés; l'autre usurpe un droit sur les choses, en altérant le signe de leur valeur; tous deux sapent, par leurs manœuvres sourdes, l'État et le commerce, et ces deux crimes réunissent ainsi le double caractère de délit public et privé. Que ces hommes, égarés par une cupidité sordide, par un désir effréné du gain, soient punis par la vue du gain qu'ils auraient toujours sous les yeux sans pouvoir l'atteindre; aides de l'opulence dont ils seraient véritablement les véhicules, qu'ils languissent au milieu des richesses, comme Tantale au milieu des eaux. Porte-faix sans salaire pour eux-mêmes, avec des costumes connus, qu'ils soient nourris, vêtus du produit de leur travail qu'ils ne toucheraient pas; qu'ils restent

toujours au milieu des douanes, sur les ports,
dans les rades, dans les arsenaux ; qu'ils y
travaillent aux mâtures, aux cordages, à la
voilure de ces vaisseaux qui n'iront plus pour
eux chercher des trésors frauduleux aux extrémités du monde ; que, dans les climats
qui produisent ces métaux précieux, le faux
monnoyeur arrache du sein de la terre ce
minéral, objet de ses coupables désirs, qu'il
le broye, le lave, qu'il le purifie après l'avoir
si long-temps altéré. Les contrebandiers, espèce de guerriers sans honneur et sans drapeaux, ont ordinairement de l'intrépidité,
de l'audace ; s'il est dans leur faute quelque
circonstance atténuante, et qu'il se présente
une occasion dangereuse de servir l'État,
qu'ils paient de leur sang leur liberté, ou
qu'ils terminent leur supplice par une mort
utile. Mal conseillés par l'ambition, par l'a-
varice, ils ne sont pas coupables de lâcheté ;
qu'il leur soit permis, pour le bien de ce pays
qu'ils avaient trompé, et pour expier leurs
torts, d'affronter le trépas des braves.

Cette partie de la tâche qu'on s'est imposée
ne présente pas le plus de difficulté ; mais,
chez presque tous les peuples connus, la

mort est punie par la mort; opinion fondée sur une interprétation de la loi du talion, loi essentiellement fausse dans sa base, parce que jamais la mort n'a pu se réparer par la mort.

L'assassin est une créature, malheureusement née, que les erreurs de son éducation, quelquefois celles de son régime; que des circonstances exaspérées comme l'atrabile qui le domine; que l'absence de tout principe, de toute morale, de toute religion, ont mené, de fautes en fautes, jusqu'aux plus grands excès. Il a tué, qu'il serve à la vie; que les jambes chargées de fers, il aille, meuble vivant, dans les navires destinés à nous procurer des denrées périlleuses; qu'il aille dans les éternels brouillards du Banc de Terre-Neuve, pêcher, nétoyer, faire sécher les morues; qu'il aille sur les écueils du Spitz-Berg affronter les glaces et les baleines; qu'il y aille, non pas comme cet intrépide Bayonnais qui brave gaiement tous les dangers pour arriver à la fortune, et qui se console de toute l'inclémence de ce ciel rigoureux, témoin de ses travaux, par les profits immenses qu'il en retire; qu'il aille, instrument gratuit et forcé, à la disposition du navigateur qui le paierait au gouvernement qui le punit; qu'il aille, sans espérance, sans consolation, dans ces régions désolées, y combattre tous les élémens, les animaux et même la nature ; qu'il y aille, cette année, pour y retourner l'année suivante encore, et tous les jours de sa misérable vie; qu'il plonge dans les abymes de l'Océan pour y arracher le corail et les perles : il a donné la mort, qu'au péril de sa vie il écarte la mort; que dans ces opérations douloureuses et douteuses, où l'homme de l'art explore les routes secrettes qui peuvent le conduire à ce siége profond d'une douleur inconnue; que, dans ces expériences hasardeuses, mais salutaires, où, le scalpel à la main, il interroge l'organe vivant, l'assassin utilisé lui révèle, à ses risques, les secrets de la vie.

Il est, dans ce genre, un autre forfait plus atroce encore, plus contraire à la nature, et cependant plus digne de pitié; il inspire, au même dégré, l'horreur et la commisération ; on s'aperçoit assez qu'il est ici question de l'infanticide. Ces filles-mères ont, le plus ordinairement, immolé leurs enfans à l'hon-

neur ; c'est donc l'honneur qu'elles ont ou-
tragé par cet hommage atroce, c'est l'honneur qui doit les punir ; et le sceau de l'infamie vengera la nature et la société. Qu'une
couleur terne, uniforme, et connue de tous,
soit affectée pour le vêtement de ces mères
coupables ; au jour anniversaire du crime,
elles seraient, tous les ans, exposées pendant quelques heures à la vue de leurs concitoyens; employées aux plus vils travaux,
dans les hospices de la maternité, indignes
du service des salles qu'elles profaneraient
par leur seule présence, elles seraient re-
léguées dans les réduits les plus écartés de
ces asiles : c'est là qu'elles apprendraient de
quelles ineffables voluptés elles se sont à jamais privées par leurs crimes ; c'est dans
ces enceintes sacrées, où se trouvent réunis,
le plus communément, avec tous les maux
de l'état social, tous les plus doux sentimens
de la nature, que commencera pour elles
un supplice nouveau ; et les remords se ré-
veilleront à tous les instans de leur vie, en
contemplant de près les grâces naïves de
la première enfance. Une jeune et tendre
mère, soutenant dans ses bras un enfant beau

(55)

comme elle, à qui elle présente le sein, ce qu'elle a fait elle-même, ce qu'elle voit; ce rapprochement, ces souvenirs, ce spectacle, en faut-il davantage, et que ferait ici de plus le bourreau? On épargnerait, en outre, un scandale; c'en est un, en effet, quand la hache atteint un coupable regretté; et c'est l'impression que laissent ces sortes d'exécutions qui détruisent toujours la jeunesse et souvent la beauté.

L'incendiaire est ordinairement un fou, troublé par le désir de la vengeance. Si ses organes sont altérés, il serait déposé dans un hôpital, gardé à vue, et livré à la clinique, pour qu'elle tente de le rendre à la raison. Quel que soit, au reste, l'état de sa tête, sa fortune personnelle doit dédommager l'objet de ses fureurs. S'il a commis le crime en toute connaissance de cause, avec toute sa raison, que le ministre de la vindicte publique le fasse séquestrer, le tienne en réserve; et si le feu vient à ravager la cité, qu'il soit le premier en avant des braves pompiers qui le méprisent, et le contiennent; qu'il soit dirigé sur les points les plus périlleux; qu'il traine, à travers les flammes, sur les combles embrasés, le tuyau gonflé d'eau qui doit arrêter l'incendie ; qu'il soit, pour le compte du gouvernement qui en percevra le produit, employé aux plus pénibles travaux, dans les fonderies, dans les verreries, les machines à vapeurs, les fourneaux à reverbère ; qu'il soit partout puni par l'élément qui fut son complice ; qu'il n'y ait pour lui ni pitié, ni indulgence, et qu'il soit abhorré, méprisé, même en prodiguant sa vie pour les autres.

Et le parricide ! qu'il vive aussi, mais d'une vie plus funeste que la mort. Indigne de voir le jour, indigne de respirer l'air que nous respirons, qu'il descende à jamais dans les mines ; qu'il y languisse, qu'il y meure ; qu'il descende vivant dans ces vastes tombeaux. Le fer, sous la pierre sépulcrale, consume, en silence et sans douleur, des chairs insensibles et décomposées ; mais lui ! mais là, le remords, ce ver moral, ministre infaillible des vengeances célestes, qui prend le coupable où le laisse la justice des hommes, le remords va déchirer ce cœur qui sent et qui palpite ; qu'il y vive dans la misère, dans l'infamie ; marqué au front de la lettre P, gravée par le feu, jusqu'à l'os du crâne,

qu'il porte l'image de son père, scellée dans
une boëte de plomb, et suspendue à son cou
par une chaîne de fer; qu'à tous les mou-
vemens de ses bras, dans le travail, elle re-
tombe sur son cœur; qu'elle le frappe, qu'elle
y pèse jusqu'à son dernier soupir ; qu'après
sa mort elle y reste encore, et toujours at-
tachée; que sous cette terre, l'asile de tous,
et qui ne sera pas le sien, il retrouve ainsi
la malédiction et l'opprobre dans les temps
à venir. Qu'après avoir été en horreur dans
ce monde, il soit sans espérance, j'ai presque dit, pour l'autre ; sans espérance ! il
n'est pas de forfait que ce tourment n'égale.

Au reste, pour l'honneur de l'espèce humaine, croyons que le parricide est un être
mal organisé, qu'il est une erreur de la nature. Solon, dans ses lois pour les Athéniens,
n'avait pas infligé de peines pour ce forfait;
il répondit à un de ses concitoyens, surpris
de cette omission : « Il ne se conçoit pas, et
les lois ne doivent pas le prévoir ».

E

CHAPITRE VIII.

Des Conspirateurs.

Nous pensons devoir traiter à part l'article
des conspirateurs. Cette sorte de crime, que
l'imagination embellit quelque fois, et que
la raison réprouve toujours, a les plus funestes résultats par l'étendue des maux, l'in-
tensité des moyens, l'énergie des coupables.
Les autres se bornent à frapper un ou tout
au plus quelques individus; ici, des contrées
entières sont bouleversées, des peuples sont
anéantis; la commotion se propage jusqu'aux
extrémités de la terre. S'il est un crime qui
paraisse mériter la mort, c'est celui-là sans
doute. Examinons cependant si le conspira-
teur peut être puni sans que son sang soit
inutilement répandu; inutilement, puisqu'il
n'épouvante même pas celui qui le perd, et

qu'il intimide encore moins celui qui pourrait couver le même projet dans son cœur.
La première qualité de ces hommes là est le
courage et le mépris de la vie : la mort alors
peut-elle les punir ? et cependant, en lui
laissant cette vie qu'il n'estime pas, il serait
un moyen de lui rendre, sinon tous, du moins
une partie des maux qu'il nous a fait.

Il est d'abord, dans cette matière, des vérités de fait qui sont incontestables. Le sort
des conspirateurs dépend rarement de la loi ;
on sait qu'en de telles occurrences le succès
absout le coupable, et que, s'il est trahi par
la fortune, un poignard le console des torts
du hasard. Au reste, s'il hésitait, s'il était
assez lâche pour survivre à ses espérances
trompées, enfin s'il fallait une peine, le
supplice est prêt.

Du haut de ce roc brûlé, où frémit en vain
son ambition délirante, que le déporté de
Sainte-Hélène ne peut-il voir cette famille
auguste dont il avait usurpé les droits et le
trône, heureuse de notre bonheur, entourée
de notre amour et des respects du monde en-
tier ; que les vents ne peuvent-ils lui porter,
sur ce volcan éteint, désormais son séjour,

que ne peuvent-ils lui porter les vœux du peuple et la bénédiction du pauvre; il serait sans doute moins puni dans la paix du tombeau. Surtout soyons conséquens, et lorsque la main qui bouleversa la terre sert encore la tête qui conçut tous nos maux, pourquoi briser les instrumens dont il s'était armé? Le loup timide et cruel mord aussi le trait dont il est frappé; le lion généreux l'oublie dans sa plaie, et court punir le bras qui l'a lancé.

Jeune Labédoyère, déplorable victime de l'ambition, vous n'êtes plus! la gloire et la fortune, comme ces feux follets qui voltigent sur les abymes, vous ont conduit dans ce gouffre où tout est fini pour le temps. A présent, inutile amas de pourriture que se disputent les vers, sans ces spectres qui vous ont égaré, vous pourriez encore guider, dans les champs de l'honneur, ces soldats que vous avez trompé; deux bourreaux vous attendaient, ils auraient suffi: le remords, et la honte.

Et vous, plus coupable que lui, parce que vous aviez atteint et dépassé le but des grandeurs humaines, parce que vous n'étiez plus dans l'âge confiant de la crédule espérance, vous pourriez exister encore; vous seriez, vous, un avis aux perfides, et votre nom, la réclame des ingrats ; on pouvait vous repousser dans la fange dont vous étiez sorti ; vous rejeter, ignoble pionnier, dans la boue des tranchées, couvert de vos croix brisées, de vos cordons en lambeaux, avec le souvenir de vos grandeurs, et la conscience du traître : vous seriez encore utile et puni.

Au reste, ce court chapitre exigerait des développemens; mais cette digression serait peut-être intempestive et prématurée ; les remèdes héroïques sont des poisons mitigés, et la vérité même peut être dangereuse.

CHAPITRE IX,

~~~~~

Sur quelques préjugés à rétablir.

―――――

En supprimant la peine de mort, ne conviendrait-il pas de rendre en dignité, aux institutions judiciaires, ce qu'elles perdraient en force, disons le mot, en violence. Les agens répressifs sont trop obscurs, et le coupable n'est pas assez intimidé par les alentours du pouvoir, qui l'atteint sans l'étonner. Il faut parler au peuple par les sens, et surtout par les yeux, c'est par là qu'il pense. Tous les tribunaux du royaume pêchent à présent par le défaut de représentation; ils sont sans dignité, Que l'exemple du passé ne soit pas perdu pour l'avenir; instruits à nos dépens, qu'Athènes n'envie plus à Sparte, et ses formes rudes, et sa monnaie de fer, et ses tables

communes , et ses funestes lois sur le partage des terres. Il n'est plus question de gou-
verner un peuple de Solons, ni une horde
de Kalmouks, il faut mener des hommes,
et les mener au bonheur avec leurs faiblesses
même, si ces faiblesses sont pour eux le che-
min du bonheur. On n'a pas assez consulté,
dans l'organisation judiciaire , les rapports
des sens avec l'ame. La simplicité, souvent
indécente , de nos nouveaux prétoires , ne
dispose pas au respect politiquement dû aux
organes de la loi. C'était à la lueur des éclairs
que le législateur des Hébreux descendait du
Mont-Sinaï ; il étonnait ainsi un peuple simple, pour se dispenser de le punir.

Et, dans l'histoire des nations, le respect
pour les dieux n'a-t-il pas toujours été en
raison de la pompe du culte ? Voyez , aux
beaux jours de Rome , sous cette coupole
étincelante que soutenaient des colonnes de
Jaspe et de Porphire , exhaussée sur des dégrés de marbre de Paros , aux pieds d'un
Jupiter de Phidias ou d'un Apollon de Sco-
pas ; voyez ce sacrificateur, somptueusement
vêtu , entouré d'une foule de Victimaires ; ces
troupeaux de génisses blanches, aux cornes

dorées; ces guirlandes de fleurs, ces nuages parfumés de l'encens le plus pur, et tout ce peuple, vainqueur des rois, prosterné, pressé de toutes parts, sous l'idée d'un dieu qui lui parle par tous les sens. Dans des temps rapprochés, sous des formes plus sauvages, mais non moins imposantes peut-être, voyez nos ancêtres, ces Francs si braves, dans leurs temples Gothiques; l'horreur religieuse dont ils s'étaient entourés, ces vitraux obscurcis, ces voûtes caverneuses sous la profondeur desquelles l'œil trompé croyait sans cesse entrevoir des ombres légères; ces tombes sonnantes où reposaient, sous le cuivre, les ossemens de leurs pères, et sur lesquelles ils étaient prosternés; la fraîcheur, le silence, l'obscurité de ces retraites mélancoliques; ces chapelles si sombres, où des sculptures grossières s'allongent, et présentent à l'esprit, qui les grandit encore, des formes surhumaines; ces Christs morts, tous ces Martyrs; ces objets lugubres, entrevus à la lueur d'une lampe ténébreuse, combat éternel et douteux de la lumière et de l'ombre, et par-dessus tout, la présence d'une divinité qu'ils ne voyaient jamais, mais qui semblait les toucher partout. Dans des temps plus près de nous, déjà bien déchus cependant sous le rapport des sens désenchantés, comparez l'office pompeux d'une cathédrale au service mesquin d'une succursale de village ; enfin , et pour retomber dans notre sujet, transportez le même homme de la séance d'une assemblée des pairs à celle d'un tribunal civil , et interrogez ses sensations : la nudité des tribunaux est donc , sans doute , une erreur en politique ?

Quels seraient les moyens de remédier à ces inconvéniens , et d'atteindre un but qui semble nous fuir ? Ils sont simples cependant ; réduire les cours , supprimer la plupart des tribunaux subalternes, entourer ce qui restera de la plus haute considération, et l'astreindre aux charges de la représentation la plus imposante,

Mais, ne manquera-t-on pas de dire , au moyen de ces suppressions , le plus grand avantage de la justice distributive ne disparaîtrait-il pas ? le justiciant ne serait plus à la portée du justiciable. Et d'abord , pourrait-on répondre , est-ce un aussi grand avantage que cette proximité, que cette facilité ?

Elle peut et doit souvent inspirer le désir de plaider; et quand un intervalle plus grand séparera le plaideur inquiet d'un but que son éloignement lui rendra moins facile à atteindre, alors il pèsera les inconvéniens de sa démarche, et comme sa colère, le plus ordinairement froide, peut et sait se soumettre à la lenteur du calcul, tout bien compté, il restera chez lui. Et puis, en réduisant les tribunaux subalternes, qu'on étende le ressort et les attributions de la justice de paix, cette justice patriarcale qui nous reporte aux temps heureux où, assis sur la mousse, le front blanchi par les années, ombragé par le chêne qu'il avait planté dans son enfance, un vieillard vénérable arrangeait, en présence de toute la nature, les différens de la tribu dont il était le père; qu'on ne craigne pas de donner trop d'importance à cette institution, la plus bienfaisante de toutes les justices, quand elle ne juge pas, et qu'elle ne veut que concilier.

Tout ce que vous demandez là, va-t-on s'écrier de toutes parts, ne serait-il pas, sous d'autres formes, le rappel des parlemens? Eh! qu'importe le mot? serons-nous éternellement leurs dupes, ou leurs victimes?

Qu'on nous rende les Molès, les Dormessons, les Daguesseaux, les Lamoignons; qu'on nous les rende avec leurs immenses patrimoines et leurs antiques vertus. (Pourquoi faut-il, dans les rapports sociaux, que ces deux idées soient connexes? Il est bon, sans doute, que les juges soient incorruptibles, mais il vaut encore mieux qu'ils ne puissent pas être corrompus, que cette sorte de vertu leur soit toujours facile). Composez, de ces hommes, des tribunaux qu'on appellera ensuite comme on voudra, et comptez alors sur toute la vénération des peuples, même quand on leur infligerait le nom de Conventions. Tout grands qu'ils seraient, nous les entourerions encore de tous les prestiges dont l'imagination se plaît à embellir ce qui la frappe; de tels juges seraient, n'en doutons pas, et le salut de l'homme de bien, et la terreur du méchant, qu'ils intimideraient, sans être forcés de le faire tuer. Au lieu de punir de mort, ils travailleraient surtout à prévenir les crimes. Ah! pour y parvenir, il n'est pas besoin d'évoquer de leurs tombeaux, Lycurgue, Numa, Confucius. La

morale, comme la nature, emploie souvent
les moyens les plus simples pour produire
les plus grands effets. Rendez à la jeune fille
les tendres neuvaines, le cierge de cire pure
et légère comme elle, le rosaire, les doux
pélerinages, la Notre-Dame du bois ou des
neiges, qui ont fait, et le bonheur, et peut-
être les vertus de sa mère; alors les hospices
de la Maternité ne seront plus surchargés,
et la tendre fleur ne tombera plus, dans toute
sa fraîcheur, sous la hache homicide. Rendez
au paysan qui me trompe, parce qu'il ne
croit plus rien, rendez-lui, et sa médaille de
plomb, et le saint de plâtre enfumé qui pro-
tégeait ses foyers, et le vase grossier, mais
révéré, dépôt sacré de l'eau lustrale; rendez-
lui son chapelet, ses terreurs même; et vos
greniers se rempliront; les denrées, dans les
marchés qu'ils approvisionnent, ne seront
plus altérées, ou dans le poids, ou dans la
qualité; les forêts retrouveront leur ancienne
solitude, les sillons se rouvriront encore sous
la main d'hommes innocens et robustes. Politiques imprudens! quels liens ils ont brisés,
et presque tous étaient tissus de fleurs!

CHAPITRE X.

Sur le préjugé des peines infamantes,
et de leur solidarité dans les familles.

Il serait permis d'hésiter en attaquant fran-
chement, et pour ainsi dire corps à corps,
un principe qui a fait la gloire du 18.e siècle,
qu'il montrait aux siècles écoulés, qu'il pré-
sentait aux siècles à venir comme une con-
quête des idées libérales sur la vieille opinion. L'opinion ! ils ont pu la troubler, mais
non pas la tarir. Telle qu'un fleuve tranquille
et profond, elle coule pure à travers les siècles, et dépose le long de ses bords, comme
une écume légère, les partis et les passions,
qui meurent sur le rivage, et n'arrivent jamais à la postérité. Insensés ! l'opinion, c'est
l'Arche-Sainte ! n'ont-ils pas tous péri en y
portant la main? Ils ne la voyaient plus, mais

elle était là, invisible, immobile, pesante, et leur sceptre de plomb a ployé sous sa force d'inertie. Leurs brillans dilemmes ont été, dans le temps, payés par la gloire, et le corollaire était la mort; la mort pour eux-mêmes et pour nous; et pour notre malheureux pays, sa subversion et sa chute.

Ce n'est pas par le raisonnement qu'une question pareille peut être traitée; elle ne sera jamais résolue que par le sentiment. Quand l'infamie sera solidaire dans les familles, les chefs appelleront à leur aide, contre l'opprobre, la morale, l'éducation, l'exemple et la religion. Le pouvoir paternel, si longtemps dédaigné, essayera de rajuster ses ressorts détendus et brisés, dont la puissance et l'action étaient le bonheur et l'honneur des anciens jours. Quelle influence il pourrait avoir encore!

La malédiction de ma mère! J'avais un pied sur l'autel des hécatombes, j'ai vu de près l'horreur des justices humaines (*); elle

(*) L'Auteur a été traduit au tribunal révolutionnaire, mais après le 9 thermidor, grâce à la fuite, qui lui valut d'être porté sur la liste des émigrés.

n'est rien auprès de cette malédiction, que j'aurais cru ratifiée dans le ciel. On livre cette idée généreuse à qui voudra la développer; sa discussion, bien intéressante cependant, serait étrangère à cet essai.

Ces considérations rapides sont extraites d'un ouvrage plus étendu, mais peut-être hors de toute proportion avec les forces et les ressources locales qui l'ont entrepris. Heureux, trop heureux, si elles peuvent sécher une larme, suspendre un glaive, et faire méditer le pouvoir!

FIN.

TABLE DES CHAPITRES.

ERRATA.

Au frontispice, après l'épigraphe, au lieu de *ch.* 2, lisez : *Ch.* 32.

Page 8, lig. 1.re, ajoutez : *Il s'est empoisonné pour se soustraire au supplice.*

Page 12, ligne 6, après le mot *décrétales*, ajoutez : *Elles furent recueillies et publiées par le moine Gratien.*

Page 18, ligne 13, dans la note, au lieu de *Dirlito*, lisez : *Dirrito;* et une virgule dans la même ligne, après le mot *consequenze*.

Page 56, ligne 17, au lieu de *le fer*, lisez : *Le ver.*

Contraste insuffisant

NF Z 43-120-14

www.ingramcontent.com/pod-product-compliance
Lightning Source LLC
Chambersburg PA
CBHW070858210326
41521CB00010B/1995